CosiCosa es una asociación fundada por Cristina Valero, Laura Malinverni, Isabel Garcia y Marie-Monique Schaper en 2018. Su objetivo es diseñar actividades, instalaciones y experiencias que ayuden a niños y niñas a desarrollar habilidades creativas, sociales y de autoconocimiento a través de las nuevas tecnologías, así como fomentar un pensamiento crítico y reflexivo para afrontar los futuros retos éticos que planteen las tecnologías emergentes.

La asociación CosiCosa ha colaborado con escuelas, bibliotecas y otras entidades educativas para tratar temas como los dilemas éticos de las tecnologías inteligentes, las representaciones de género, la privacidad y el impacto sobre nuestras capacidades. Ha sido galardonada con el premio Mobile Week Gallery 2018, el premio Cotec a la Innovación 2018, el premio de Innovación Educativa 2019 y las becas Barcelona 2020.

cosicosa.tech

Ana Seixas es una diseñadora gráfica e ilustradora portuguesa. Estudió diseño en la Universidad de Aveiro y en la Escuela Superior de Diseño BAU de Barcelona. Fue entonces cuando descubrió el mundo de la ilustración y continuó sus estudios de dicha disciplina en la Escuela de Arte y Diseño Eina, también en Barcelona.

Una vez le preguntaron cómo ilustraría su vida y respondió que dibujaría un circo lleno de equilibristas y malabaristas trabajando conjuntamente para que no se desmoronara todo. Desde 2008, Seixas combina los encargos de diseño e ilustración de revistas, campañas publicitarias, *packaging* y libros con proyectos propios de estampación y cerámica.

Actualmente trabaja en Oporto, donde vive con sus dos gatos.

anaseixas.com

Dirección editorial: Patricia Martín
Edición: Paula Esparraguera
Dirección de arte: Heura Martos

Corrección de textos: Raúl Alonso Alemany
Revisión de textos: Eida Del Risco

Primera edición: febrero de 2022
ISBN: 978-84-18304-25-5
DL: B 2-2022
Impreso en Índice Artes Gráficas, Barcelona, España

 Libro libre de emisiones de CO_2 gracias al acuerdo establecido con la Fundación Plant-for-the-Planet.

 MIXTO
Papel procedente de fuentes responsables
FSC® C111592

ENTRE MÁQUINAS INTELIGENTES

COSICOSA · ANA SEIXAS

Flamboyant

ÍNDICE

CRONOLOGÍA ESCOGIDA

A LOS SERES HUMANOS NOS HA FASCINADO LA IDEA DE CONSTRUIR **MÁQUINAS INTELIGENTES** DESDE SIEMPRE.

¿Podemos considerar este barco como el primer antecesor de los coches autónomos?

En la mitología griega, el barco que llevó a Ulises de regreso a Ítaca **navegaba** de manera autónoma, **solo con el pensamiento**.

Filón de Bizancio inventó la **camarera automática**, una autómata que, al ponerle una copa en la mano, la llenaba.

1495

Leonardo da Vinci proyectó un **caballero robótico** capaz de hacer varios movimientos como sentarse, mover los brazos, el cuello y la mandíbula. No se sabe si intentó construir su invento, pero las reconstrucciones que se hicieron a partir de sus bocetos mostraron que el caballero era plenamente funcional.

CIRCA 1200

Las leyendas cuentan que Alberto Magno construyó un **autómata de hierro** que le servía de **mayordomo** y que era capaz de andar, abrir la puerta y saludar a los visitantes.

1612

En *El Quijote* se narra el curioso encuentro de don Quijote con una **cabeza de bronce parlante**, capaz de contestar todo tipo de preguntas.

Cuentan las leyendas que, al morir su hija, el filósofo francés René Descartes construyó un **autómata** a su imagen y semejanza. Los marineros encargados de transportarla se asustaron al verla y la tiraron al mar.

NO HUYE EL QUE SE RETIRA.

¿La idea de una cabeza parlante que sabe todas las respuestas nos ayudó a ingeniar los actuales asistentes de voz?

1646

1738

Jacques de Vaucanson creó un pato robótico que comía, digería y hacía sus necesidades. Este pato es considerado **la primera mascota robótica** de la historia.

1783

Wolfgang von Kempele creó una **máquina que simulaba ser un jugador de ajedrez**.

1942

En su relato de ciencia ficción *Círculo vicioso*, Isaac Asimov propone las tres **leyes de la robótica**:

1.ª ley: Un robot no hará daño a un ser humano ni, por inacción, permitirá que un ser humano sufra daño.

2.ª ley: Un robot debe cumplir las órdenes dadas por los seres humanos, a excepción de aquellas que entren en conflicto con la primera ley.

3.ª ley: Un robot debe proteger su propia existencia en la medida en que esta protección no entre en conflicto con la primera o con la segunda ley.

1920

En la obra teatral *R. U. R.,* el escritor Karel Čapek relata la historia de una empresa que construye **robots para reducir la carga de trabajo de las personas**. Pese a ser creados para ayudar a la humanidad, terminan iniciando una revolución que la destruye.

1947

2016

La artista Pinar Yoldas crea el proyecto *The Kitty AI*, donde desarrolla un mundo ambientado en el año 2039, en el que **una inteligencia artificial** con las capacidades afectivas de un gatito **se convierte en la primera gobernadora no humana**. Lidera el planeta con una red de inteligencias artificiales, vive en los dispositivos móviles de los ciudadanos y puede amar hasta a tres millones de personas.

O eso hizo creer a todo el mundo, ya que, en realidad, había un jugador experto escondido dentro de la máquina que movía las fichas.

Muchos años después, en 1996, IBM construyó la **supercomputadora Deepblue**, que consiguió ganarle al campeón del mundo de ajedrez.

1817

En el relato *El hombre de arena* de E. T. A. Hoffmann, se cuenta la historia de un joven estudiante que se enamora de Olimpia, sin saber que ella es una autómata. Esta misma idea aparece en la película *Her*, de Spike Jonze (2013), donde el protagonista **se enamora de la asistente de voz** de su móvil.

¿Podríamos llegar a confundir un robot con un ser humano hasta el punto de enamorarnos de él?

1899

El escritor Julio Verne, describió el **«fonotelefoto»**. Un sistema que permitiría la transmisión de imágenes por espejos sensibles conectados con cables.

En la novela *With Folded Hands*, el escritor Jack Williamson describe un mundo donde los robots son tan eficientes que a los humanos no les queda nada más que hacer que quedarse con los brazos cruzados.

Esta idea también se plasma en la película *Wall-e,* de Andrew Stanton (2008), donde **las tecnologías inteligentes cumplen todas las tareas humanas** y a las personas no les queda nada más que hacer que quedarse sentadas y mirar pantallas.

IMPORTANTE

Los relatos de ficción sobre máquinas inteligentes desempeñan un papel fundamental en la construcción de nuestros miedos y esperanzas sobre ellas.

2015

En la película *Vengadores: la era de Ultrón*, de Joss Whedon, unos superhéroes luchan contra una inteligencia artificial. Aunque esta se creó para proteger a la humanidad, decide que **la principal amenaza** para ella son, precisamente, **los humanos**, y quiere exterminarlos.

1999

La película *El hombre bicentenario* muestra cómo **un robot adquiere conciencia** y escoge convertirse en un ser humano con todas sus ventajas e inconvenientes.

LAS MÁQUINAS INTELIGENTES

El objetivo de la inteligencia artificial es hacer las mismas cosas que puede hacer la mente. Es decir, razonar, planificar, sacar conclusiones, relacionar cosas, dar órdenes al cuerpo para que se mueva... ¿Puede hacer todas estas cosas un televisor inteligente? ¿Y una aspiradora inteligente? Todas quizá no, pero algunas sí, y por eso añadimos el adjetivo *inteligente* al referirnos a ellas.

A lo largo de este libro vamos a preguntarnos un montón de cosas sobre máquinas inteligentes, empezando por: ¿son realmente inteligentes? Veremos cómo funcionan, su impacto en nuestras vidas y los retos éticos que plantean.

¿Empezamos?

¿Qué tendrá ella
que no tenga yo?

Ada Lovelace, reconocida como la primera programadora de la historia, afirmaba que **las máquinas no pueden ser inteligentes porque solo hacen lo que están programadas para hacer**.

Según este razonamiento, ¿considerarías que una persona que solo sabe recomendar buenos vídeos o comida saludable es inteligente? ¿Y una máquina?

¿La inteligencia de una máquina y la de una persona son iguales?

¿Una máquina podría llegar a ser igual de inteligente que una persona?

¿Y que un perro?

IMPORTANTE

Las tecnologías inteligentes están programadas para hacer únicamente tareas específicas. ¡No pueden hacerlo todo!

¿PODEMOS SABER SI UNA MÁQUINA ES INTELIGENTE?

No has sido la única persona en preguntarse esto. En 1950, el matemático **Alan Turing** diseñó una prueba para evaluar si una máquina puede ser tan inteligente como un ser humano. Consistía en hacer las mismas preguntas a dos sujetos (un ordenador y una persona) por separado. Si la persona encargada de realizar el test, al analizar las respuestas de ambos sujetos, era incapaz de distinguir quién había contestado qué, entonces la máquina se consideraba inteligente. Y, por lo tanto, pasaba el llamado «**test de Turing**».

A pesar del intento de Turing, su test no era infalible. De hecho, el filósofo **John Searle** ideó un experimento mental, llamado **«la habitación china»**, para criticar el test de Turing.

Imaginemos que se construye una máquina capaz de entender y contestar en chino. Se le hace el test de Turing, es decir, recibe frases en chino de una persona y le da respuestas coherentes. En consecuencia, esta persona piensa que quien responde a las preguntas entiende el chino y, por lo tanto, la máquina pasa el test. **Pero ¿realmente entiende el chino?**

Ahora imaginemos que esta máquina no es tal, sino que es John Searle haciéndose pasar por una máquina (¡o está escondido dentro de una!). No sabe ni una palabra de chino, pero tiene unos manuales que le indican las reglas que seguir («si recibes este conjunto de símbolos, contesta estos otros...»). Siguiendo estas instrucciones, Searle sería capaz de contestar cualquier pregunta. ¡Y eso sin entender ni una sola palabra!

ADIVINA: ¿VERDAD O MENTIRA?

1 EN UN EXPERIMENTO DE LA UNIVERSIDAD DE LONDRES, LOS PARTICIPANTES NO SE DIERON CUENTA DE QUE UNO DE LOS ESTUDIANTES ERA UN ROBOT.

2 EN UNA UNIVERSIDAD SUIZA, UNOS ROBOTS PROGRAMADOS PARA COOPERAR ENTRE SÍ ACABARON APRENDIENDO A MENTIRSE EL UNO AL OTRO.

3 EN LOS ESTADOS UNIDOS DESARROLLARON UN ROBOT VOLADOR TAN PARECIDO A UN PÁJARO QUE FUE ATACADO POR UN HALCÓN.

4 EN LA GUERRA DEL YEMEN TUVIERON QUE ELIMINAR UN ROBOT QUE DECIDIÓ CAMBIARSE DE BANDO DE MANERA AUTÓNOMA.

DUDAS DUDAS DUDAS

HUMMM...

Y tú, ¿cómo evaluarías si una máquina es inteligente?

¡HOLA!

¿Sabías que tu vecino es un robot? ¿Cómo que no lo es? ¡Demuéstralo!

¿QUIÉN ES?

Si te telefonea alguien que no conoces, ¿puedes asegurar al cien por cien que no es una máquina?

MÁQUINAS INTELIGENTES QUE PERMITEN **HACER PREDICCIONES SOBRE LA EVOLUCIÓN Y EL TRATAMIENTO DE LOS PACIENTES.**

Reciben y analizan los datos de diagnóstico, tratamiento y evolución de pacientes. A partir de estos datos, buscan patrones comunes y generan predicciones sobre la evolución de nuevos pacientes.

LAS MÁQUINAS APRENDEN

MÁQUINAS INTELIGENTES QUE TE **RECOMIENDAN MÚSICA O VÍDEOS** QUE TE PODRÍAN GUSTAR.

Analizan los datos que el sistema tiene sobre ti (compras anteriores, preferencias, gustos, etc.), buscan otros usuarios que han tomado decisiones parecidas y generan recomendaciones personalizadas.

MÁQUINAS INTELIGENTES QUE PUEDEN **REALIZAR TAREAS DOMÉSTICAS** COMO BARRER O LIMPIAR DE MANERA AUTÓNOMA.

Utilizan los datos sobre el entorno (obstáculos, desniveles, suciedad, etc.) que obtienen a partir de sensores. Con esa información, determinan su comportamiento.

Hoy en día, una tecnología se considera inteligente cuando realiza una tarea de manera autónoma. Por ejemplo, hacer predicciones, dar recomendaciones o tomar decisiones. Para que sea posible, se crean programas que permiten a la máquina aprender de los datos que recibe.

¿Y cómo aprenden? Analizan una gran cantidad de datos, de los cuales **extraen patrones**, es decir, unos modelos que sirven para reconocer otras cosas iguales o similares.

MÁQUINAS INTELIGENTES QUE **SABEN RECONOCER CARAS HUMANAS**.

Reciben una gran cantidad de imágenes de caras. A partir de estas crean patrones que les permiten reconocer qué es una cara y qué no lo es.

PERO ¿APRENDEN DE LA MISMA MANERA QUE NOSOTROS?

¿Has pensado alguna vez cómo aprende un bebé a reconocer un perro?

Actualmente, todavía no se sabe exactamente cómo aprendemos, aunque existen diferentes teorías sobre ello. Las personas que diseñan inteligencia artificial utilizan estas teorías para programar el autoaprendizaje de las máquinas.

USTED NO ES UN PERRO.

¡SÍ SOY UN PERRO!

Imagina una máquina entrenada para reconocer perros solo a base de fotografías de dálmatas. Sería incapaz de considerar perros a un *bulldog* o a un *husky*. A pesar de ser perros, los dálmatas no representan a todos los tipos de perro que existen.

Las máquinas inteligentes necesitan recibir una gran cantidad de datos (hechos, cifras, imágenes, sonidos o cualquier otro tipo de información) para construir modelos que les permitan hacer predicciones y tomar decisiones con éxito. Por ejemplo, para que nuestra máquina aprendiera a reconocer perros, necesitaría imágenes de perros de todo tipo y en gran cantidad. De esta manera, podría detectar qué características distinguen a los perros de otro tipo de animales (¡e incluso objetos u otras cosas!).

IMAGINA QUÉ PASARÍA SI...

... UN ALIENÍGENA LLEGA A LA TIERRA Y SOLO VE NIÑOS Y NIÑAS.

... UN SISTEMA PARA RECONOCER CARAS RECIBE SOLO IMÁGENES DE PERSONAS RUBIAS.

... UN SISTEMA QUE DETERMINA QUIÉN ES BUEN O MAL PROFESOR UTILIZA COMO DATOS LAS NOTAS DE LOS ESTUDIANTES.

ADIVINA: ¿VERDAD O MENTIRA?

1 EN 2017, UNA GRAN EMPRESA DEJÓ DE UTILIZAR SU PROGRAMA DE INTELIGENCIA ARTIFICIAL PARA SELECCIONAR PERSONAL PORQUE DISCRIMINABA LOS CURRÍCULOS DE LAS MUJERES.

2 EN UN RESTAURANTE, EL ROBOT ENCARGADO DE RECOGER Y LIMPIAR LAS MESAS CONFUNDIÓ EL JUGUETE DE UN NIÑO CON RESTOS DE COMIDA.

3 EN UN PARTIDO DE FÚTBOL, LA INTELIGENCIA ARTIFICIAL DEL SISTEMA DE TRANSMISIÓN CONFUNDIÓ A UN ÁRBITRO, QUE ERA CALVO, CON LA PELOTA.

PROGRAMAR LA RECETA IDEAL

Cada participante ha especificado los ingredientes de su plato favorito y ha dado las instrucciones para prepararlo. Con esta información el robot ha generado una única receta.

¿Crees que la máquina ha conseguido preparar la comida perfecta? ¿Te la comerías?

Como no había una idea única de lo que es una comida perfecta, el resultado ha sido un desastre.

¿Puede una máquina complacer a todo el mundo?

Las máquinas inteligentes están diseñadas y programadas por personas que deciden cuáles son los criterios importantes para que el sistema pueda realizar sus tareas. Como ha pasado en el caso de la comida perfecta, cada persona tiene sus propias creencias y opiniones, que pueden reflejarse tanto en la selección de los datos (ingredientes) como en la programación de la máquina (instrucciones).

Las máquinas inteligentes no son objetivas, sino que reproducen las opiniones que tenemos las personas a partir de los datos que usamos y de las instrucciones que les damos para entrenarlas.

¿QUÉ QUIERE DECIR ESTO EN LA PRÁCTICA?

La manera de pensar y de seleccionar los datos de la persona o personas que programan una inteligencia artificial son determinantes e influyen en sus resultados. Si diseñan una máquina inteligente sin cuestionarse nada, podrían correr el riesgo de reproducir, perpetuar y endurecer los **estereotipos**, ideas prefijadas sobre algo o alguien, y desigualdades que hay en la sociedad. Por eso, su responsabilidad es enorme.

1

¿Qué pasaría si la persona que programa una máquina para valorar la belleza de la gente lo hace a partir de sus gustos personales?

En 2016, se celebró el primer concurso de belleza juzgado por inteligencia artificial. El programa prometía imparcialidad, pero a pesar de que se presentaron personas de todo tipo, la mayoría de las ganadoras fueron blancas. Esto se debió a que las imágenes que se utilizaron como referencia no incluían suficiente diversidad.

¿Qué pasaría si se utilizasen los datos de los últimos doscientos años para programar una máquina que determine las características necesarias para que una persona sea buena científica?

Desafortunadamente, durante muchos años las mujeres tuvieron menos oportunidades de desarrollarse en el mundo de la ciencia y, en algunos casos, las que lo conseguían tenían que presentar su trabajo bajo la identidad de un hombre. Al utilizar solo los datos históricos como referencia, se correría el riesgo de seguir discriminando a las mujeres, puesto que ser mujer no sería una característica recurrente para destacar en ciencias.

2

3

¿Qué pasaría si alguien decidiese que un criterio para determinar si una persona es de fiar fuese la zona donde vive?

Para determinar si un banco prestaba dinero o no a una persona, los sistemas inteligentes utilizaban, de entre todos los datos que poseían de dicha persona, su dirección postal. En consecuencia, quien vivía en un barrio considerado pobre tenía menos posibilidades de recibir un préstamo.

¿CÓMO TE IMAGINAS A ESTAS PERSONAS?

¿Crees que has decidido a partir de estereotipos?

Muchas veces, sin darnos cuenta, juzgamos a los demás basándonos en estereotipos: las personas inteligentes llevan gafas, las personas que juegan al baloncesto son altas, las abuelas son afectuosas... Estos preconceptos se pueden reflejar en la programación de las máquinas inteligentes.

MÁS DIVERSIDAD EN LA GENTE QUE DISEÑA MÁQUINAS INTELIGENTES.

LAS MÁQUINAS INTELIGENTES SERÁN COMO QUERAMOS QUE SEAN.

INCLUIR EL APRENDIZAJE DE CIENCIAS SOCIALES Y ÉTICA EN LOS ESTUDIOS DE TECNOLOGÍA.

SOCIOLOGÍA

PSICOLOGÍA

ANTROPOLOGÍA

ÉTICA

¿Qué se puede hacer para reducir el riesgo de reproducir estereotipos y desigualdades?

PERMITIR QUE MUCHAS PERSONAS CON PERFILES MUY DIFERENTES PUEDAN REVISAR EL FUNCIONAMIENTO DE LAS TECNOLOGÍAS INTELIGENTES.

¿SE TE OCURRE ALGUNA OTRA FORMA?

Imagina que hay que repartir los papeles para el recital de final de curso. Si tuvieses que programar una máquina para que lo hiciera, ¿qué tipo de datos le darías? ¿Cómo podrías asegurarte de que toma buenas decisiones?

AMIGOS SIN CARNE Y HUESOS

¿POR QUÉ CREES QUE SE ESCONDEN
DE LA ASISTENTE DE VOZ ALEXA?

¿LE CONTARÍAS LO MISMO
A UNA ASISTENTE DE VOZ
QUE A TU MADRE O A UNA AMIGA?

Desde siempre, en los cuentos, dibujos animados o películas hay objetos que tienen vida y pueden hablar y comunicarse con las personas. Pero, más allá de la ficción, tenemos cada vez más objetos a nuestro alrededor que entienden lo que decimos y hablan y se comunican con nosotros.

Quizá la idea de los **asistentes de voz** te parezca muy novedosa, pero las leyendas cuentan que el filósofo Roger Bacon ya en el año 1200 construyó una cabeza de latón capaz de contestar a todas las preguntas.

¿Qué diferencia crees que hay entre los objetos de los dibujos animados que hablan y los objetos inteligentes que se comunican con nosotros?

Como los asistentes de voz están diseñados para reconocer lo que decimos e imitar la voz humana, necesitan recibir datos, es decir, voces y conversaciones. **¡Necesitan escucharnos!** Si no, no podrían comunicarse con la gente.

Sin embargo, aunque las máquinas pueden reconocer el habla, esto no significa que la entiendan igual que las personas.

1773

El médico, físico e ingeniero Christian Kratzenstein consiguió **reproducir los sonidos de las vocales** utilizando tubos de resonancia conectados a tubos de órgano.

1932

Se crea *The Voder*, el primer mecanismo capaz de **imitar el habla**. No era una máquina autónoma, sino que una persona, mediante un teclado y un pedal, decidía qué sonidos emitía.

RECONOCIMIENTO DE VOZ: BREVE CRONOLOGÍA

Para desarrollar la tecnología de reconocimiento de voz que conocemos,
han sido necesarios siglos de estudios e investigaciones.

AÑOS 80

Las investigaciones fueron avanzando, e IBM diseñó *Tangola*,
una tecnología capaz de **reconocer 20 000 palabras**.

AÑOS 90

Empiezan a salir al mercado
los primeros programas
con reconocimiento de voz.
Por ejemplo, el programa
Dragon dictator era capaz
de **escribir lo que le decías**.

1952

Se diseña *Audrey*, una máquina que **reconocía
los números del 0 al 9** pronunciados por las
voces de sus creadores. Medía más de dos
metros y consumía muchísima energía.

2011

Aparece *Siri*,
una inteligencia artificial con
funciones de asistente personal.

¿QUIÉN NOS ESCUCHA?

Detrás de las máquinas inteligentes siempre hay una empresa o un equipo de personas que habrán desarrollado su sistema de toma de decisiones. Pero, además, hay otras empresas interesadas en conocer, controlar y utilizar toda la información que dichas máquinas pueden recabar.

¡Los datos personales son un bien muy preciado!, y se pueden comprar y vender. Permiten generar contenidos y publicidad personalizados, y, de esta forma, aumentar las posibilidades de venta de determinados productos o diseñar nuevos servicios.

Cada vez es más difícil saber a ciencia cierta quién nos escucha.

¿Ya podemos salir del escondite?

¡Claro! A Alexa se le acabó la batería.

En Estados Unidos, el **noventa y ocho por ciento de niños y niñas** de entre 0 y 11 años interactúan con asistentes de voz tipo Alexa. Si estamos tan acostumbrados a hacer preguntas y que un asistente de voz nos responda al momento, es posible que tengamos la impresión de que todo se puede hacer al instante. Del mismo modo que si solo jugamos con juguetes inteligentes que siempre están de acuerdo con nosotros, se nos pueden pasar las ganas de jugar con personas que no comparten nuestras opiniones.

Además, ¿te has fijado en que los asistentes de voz acostumbran a tener voz femenina y son siempre amables y serviciales? ¿Por qué crees que es así?

¿Qué harías si un juguete inteligente, de repente, se volviera antipático?

¿Cambiarías tu forma de jugar si supieras que hay un juguete que guarda todo lo que dices?

En 2015 se creó una muñeca interactiva capaz de mantener una conversación. Para desarrollar sus habilidades conversacionales graba en los ordenadores de la compañía las charlas que mantiene con los niños y niñas que juegan con ella, y envía a los padres un informe diario de la actividad de sus hijos. Países como Alemania han prohibido la venta de este juguete por preocupaciones vinculadas a la **privacidad**.

¿Habías pensado alguna vez que lo que le cuentas a una máquina lo pueda acabar escuchando otra persona?

¿Qué harías si una máquina inteligente tuviese almacenado un secreto tuyo muy importante?

¿ES POSIBLE QUE SEPAN CÓMO NOS SENTIMOS?

De la misma manera que existen máquinas que saben reconocer el habla, también se están desarrollando tecnologías capaces de identificar las emociones humanas.

Entre la abuela y la nieta hay un conflicto. La pulsera de la niña interpreta que está decepcionada con el regalo, aunque ella afirma lo contrario. ¿A quién tendría que creer la abuela, a la máquina o a su nieta? ¿Se puede garantizar al cien por cien que la máquina interpreta correctamente lo que siente la niña? **¿Es posible que una máquina reconozca mejor nuestras emociones que nosotros mismos?**

Las expresiones faciales son una de las primeras señales que las personas aprendemos a reconocer para entender los sentimientos e intenciones de los demás y que utilizamos para relacionarnos.

Aunque disponen de mucha información para sacar sus conclusiones, cuando se trata de interpretar emociones, las máquinas no son infalibles. ¡Tampoco lo somos las personas!

Las emociones humanas son muy complejas, cada persona siente y se expresa de una manera distinta y hay muchos factores que pueden alterar nuestras reacciones y hacer que sea difícil leerlas correctamente.

Veamos, pues, qué hacen las máquinas para reconocer emociones en dos simples pasos.

1

Reconocer que una cara es una cara (y no una pelota, un pan o un limón). Esta tecnología está muy presente en la actualidad: cuando en una red social se nos sugiere etiquetar a alguien, al jugar con filtros de imagen o al pasar por el control del aeropuerto.

2

Analizar una serie de elementos (expresión facial, calor, gestos, habla, etc.) para hacer una estimación de cuál puede ser la emoción que siente determinada persona.

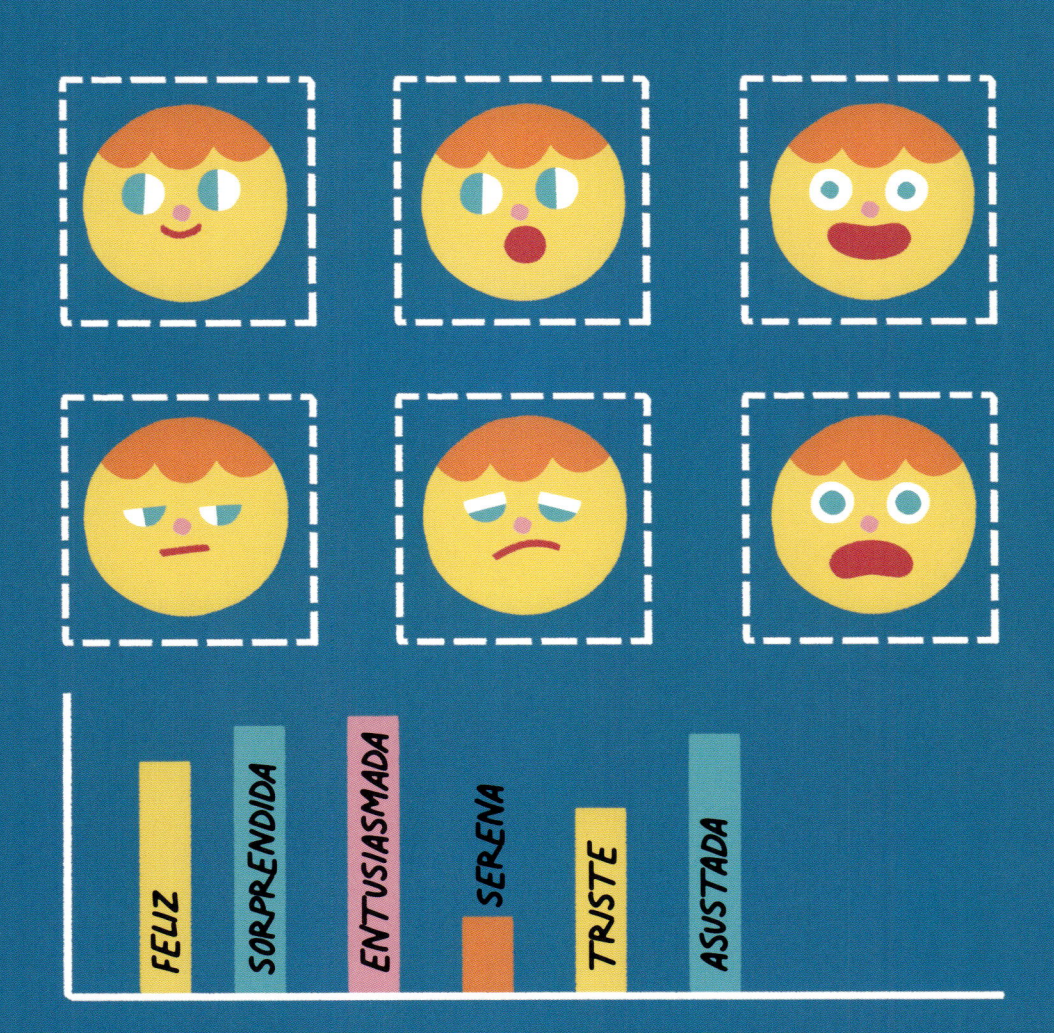

El reconocimiento de emociones se está usando cada vez más para mejorar nuestra interacción con las tecnologías inteligentes que nos rodean y facilitarnos algunas tareas, prevenir accidentes o, simplemente, darnos confort y hacernos más felices.

Llegas de mal humor y, nada más entrar, tu casa sabe reconocerlo y programa el sillón para que te dé un masaje relajante en la espalda mientras proyecta tu peli favorita.

¿Cómo sería un mundo donde la tecnología siempre buscara hacernos felices?

¿Para qué y para quién puede ser útil esta información?

En los Emiratos Árabes Unidos se han instalado cámaras de vigilancia en el espacio público que detectan la expresión facial de la gente. Así pueden saber el estado de ánimo general de la población.

Tu ordenador detecta que el ejercicio de clase que tienes que hacer es demasiado difícil o demasiado fácil, y esto te causa frustración. Entonces, lo adapta para que dejes de sentirte así.

En el ámbito de las tecnologías para la educación se está investigando cada vez más para reconocer las emociones del alumnado.

¿Es bueno que la tecnología siempre nos ayude a evitar las frustraciones?

¿Qué te parecería saber en todo momento el estado de ánimo de los demás?

Un instituto de secundaria en China se hizo famoso por instalar cámaras dotadas con tecnología de reconocimiento facial en sus aulas. Cada treinta segundos, las cámaras escaneaban las caras de los jóvenes y mandaban la información a un ordenador, que clasificaba sus expresiones en siete emociones (feliz, triste, decepcionado, molesto, asustado, sorprendido y neutro) y medía su nivel de concentración. Con esos datos, cada estudiante recibía una puntuación, que se mostraba en una pantalla instalada en la pared del aula.

¿Qué aspectos positivos y negativos tiene estar siempre bajo vigilancia?

La tecnología de reconocimiento de emociones puede ser beneficiosa. Por ejemplo, se está empezando a aplicar en los automóviles para detectar si la persona que conduce está atenta y minimizar los riesgos de accidente, o en robots diseñados para asistir a personas que no pueden comunicarse de la manera habitual y utilizan estos sistemas para entender mejor sus necesidades. Pero ¿siempre es bueno que reconozcan nuestras emociones?

En los últimos años ha habido casos controvertidos de uso de esta tecnología para prever, provocar y manipular emociones, y así favorecer los intereses de corporaciones, Gobiernos o personas con objetivos cuestionables. Este es uno de los motivos por los que hay personas que prefieren quedarse al margen de este tipo de tecnologías y preservar su privacidad.

Si una máquina influye en nuestras decisiones, ¿seguimos siendo libres?

Hay estudios que demuestran que decidimos comprar algo teniendo en cuenta, principalmente, nuestras emociones. Por ese motivo, el reconocimiento de emociones se está investigando cada vez más en publicidad para entender mejor las reacciones de la gente a determinados productos o anuncios.

Pero, atención, porque los sistemas de reconocimiento facial no funcionan igual para todo el mundo. Según como esté programada una máquina, sus acciones pueden ser muy útiles para algunas personas y un completo despropósito (¡incluso un peligro!) para otras.

En sus investigaciones, la informática y activista **Joy Buolamwini** descubrió que los sistemas de reconocimiento facial funcionan particularmente mal con mujeres de piel oscura. ¡El algoritmo solo fue capaz de detectarla al ponerse una máscara blanca!

¿QUÉ ME RECOMIENDAS?

Hay máquinas que reconocen el habla, máquinas que reconocen caras, máquinas que reconocen emociones... Y máquinas que pueden reconocer nuestros intereses y hacernos recomendaciones de películas, música, amistades, compras... ¿Cómo lo hacen?

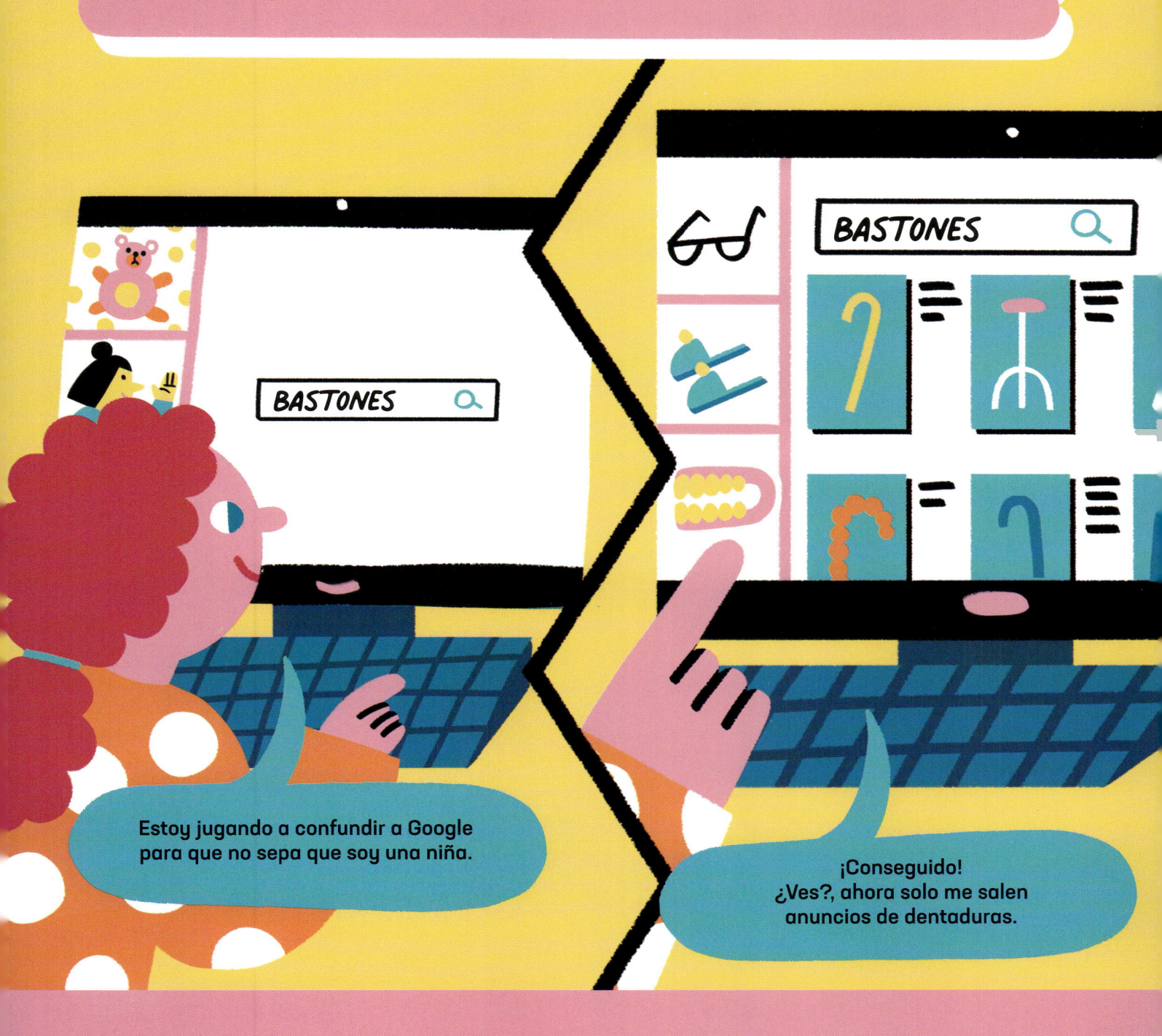

Muchas de las tecnologías que nos rodean utilizan **algoritmos de inteligencia artificial** para predecir las preferencias y los gustos de las personas. Para ello, recopilan información sobre nuestras interacciones: qué cosas hemos buscado, a qué hemos puesto «Me gusta», qué hemos visto, qué sitios hemos visitado, a quién seguimos en las redes sociales, etc. A partir de esta información (de nuevo: ¡datos!), clasifican a las personas por perfiles, es decir, las separan por grupos de características parecidas (edad, género, aficiones, preferencias, etc.). Así pueden predecir sus gustos y posibles intereses.

¿QUÉ HA PASADO EN LAS VIÑETAS DE LA PÁGINA ANTERIOR? ANTES DE QUE LA NIÑA ENGAÑE A GOOGLE, ESTE ES SU PERFIL:

ANTES

DATOS

ALGORITMO DE APRENDIZAJE
Se procesan los datos para definir el perfil.

RESULTADO

NIÑA
12 AÑOS
VIDEOJUEGOS
DEPORTISTA
MÚSICA POP
ANIMALES

RECOMENDACIÓN

SIGUE A ESTE YOUTUBER WINDSURFISTA.

SEGUIR

DESPUÉS DE ENGAÑAR A GOOGLE, SU PERFIL SE MODIFICA Y QUEDA ASÍ:

DESPUÉS

DATOS

ALGORITMO DE APRENDIZAJE
Se procesan los datos para definir el perfil.

RESULTADO

HOMBRE
81 AÑOS
SALUD
CUIDADOS
JUEGOS DE MESA
VIAJES ORGANIZADOS

RECOMENDACIÓN

¡OFERTA!
DENTADURAS
POSTIZAS

COMPRAR

LA BURBUJA

Es muy cómodo que nos recomienden qué nos podría gustar porque nos ayuda a navegar entre la enorme cantidad de información que hay en Internet. Pero ¿qué pasa si las máquinas nos hacen llegar únicamente contenidos que ya saben que nos interesan, y la sección de vídeos, publicidad, noticias y cosas que vemos se ajusta completamente a nuestros gustos?

El ciberactivista **Eli Pariser** fue el primero en hablar de los posibles riesgos de recibir únicamente información personalizada. Para hablar sobre ello inventó el término «*Filter Bubble*» (filtro burbuja), porque cuando entramos dentro de una burbuja, nos aislamos de lo que hay fuera de ella.

¿Cómo sería un mundo donde la gente se juntase solo con quienes tienen sus mismos intereses y gustos?

Cuando escuchamos solo las opiniones con las que estamos de acuerdo, limitamos nuestras propias opiniones y es más complicado que aprendamos cosas nuevas. Si nos encerramos mucho en nuestra burbuja, nos perdemos la oportunidad de abrir nuestra mente a otros puntos de vista.

¡La diversidad es necesaria y nos enriquece!

MÁQUINAS QUE SUSTITUYEN

A lo largo de la historia, las diferentes tecnologías han ido cambiando nuestra forma de trabajar, creando nuevas profesiones y volviendo obsoletas otras. Cuando se inventó la imprenta, en 1440, por ejemplo, el trabajo de los amanuenses desapareció. ¡Se encargaban de copiar los libros a mano! Pero, a su vez, surgieron nuevos trabajos vinculados a la impresión como la composición tipográfica o la distribución a mayor escala.

Sin embargo, cuando una máquina ha podido realizar igual o mejor que una persona una tarea, los seres humanos hemos tenido miedo a quedar obsoletos o terminar sustituidos por las máquinas. Porque ¿cuál sería nuestro papel si las tecnologías inteligentes pudieran encargarse de todas las tareas que hacemos en la actualidad las personas?

En el siglo XVIII, las máquinas de vapor reemplazaron muchos trabajos manuales, cambiaron el mundo laboral. No en vano a esta etapa se la denomina Revolución industrial. Las personas trabajadoras vieron empeorar sus condiciones de vida debido al uso de maquinaria en las tareas industriales: se implementaron jornadas laborales más largas, se redujo la demanda de mano de obra y los salarios bajaron. Como respuesta, un grupo de artesanos ingleses, llamados «luditas» empezó un movimiento: se organizaban para destrozar la maquinaria industrial que les quitaba el trabajo y empeoraba su situación vital y laboral. Finalmente, el ejército intervino para frenar sus acciones.

¿Podría repetirse un movimiento similar al de los luditas en contra de las máquinas?

¿Crees que la culpa de que empeoraran las condiciones de vida era de las máquinas?

¿Cómo sería el mundo si los luditas hubiesen ganado su revolución?

Se prevé que en 2030 las tecnologías inteligentes reemplacen el treinta por ciento de los oficios actuales. 375 millones de personas tendrán que cambiar de trabajo. Pero se crearán 300 millones de nuevos oficios vinculados a tareas que no se pueden automatizar.

Si un robot está haciendo una tarea, ¿podemos decir que está trabajando? ¿Debería cobrar un salario?

Cada vez más, se emplea la inteligencia artificial en los procesos de búsqueda de empleo y selección de personal.

Existen almacenes robotizados donde los robots mueven la mercancía. La Unión Europea lleva tiempo estudiando la creación de nuevas leyes que contemplen cómo introducir los robots en las empresas.

Existen recepciones de hotel en Japón en los que te atienden robots de apariencia humana.

La inversión en el desarrollo de robots asistenciales capaces de ayudar, a personas mayores o con alguna discapacidad, en tareas cotidianas (comer, vestirse, etc.) es cada vez más grande.

MORAL MACHINE
Es una plataforma que recopila las opiniones de las personas sobre qué decisión debe tomar un coche autónomo ante una situación de accidente. ¡Responder a sus preguntas no es nada fácil! Por ejemplo, imagina que un coche autónomo pierde el control, pero tiene dos opciones: girar a la derecha y atropellar a una persona mayor con un perro o seguir recto y atropellar a un niño. ¿Qué harías?

¿Cómo tendría que actuar un coche inteligente ante un posible accidente? Y, en caso de accidente, ¿de quién sería la culpa?

Existen coches autónomos capaces de imitar las capacidades humanas de conducción.

Nuestra aceptación del papel que puede desempeñar la tecnología en nuestras vidas ha ido cambiando. En 1800, los luditas no aceptaban las maquinarias industriales, y estas hoy en día forman parte de la cotidianidad. ¿Qué tareas estamos dispuestos a confiar a las máquinas? ¿Y cuáles no? ¿Crees que serán las mismas en el futuro?

¿Por qué no lo investigas? Busca personas de diferentes edades y hazles una entrevista. Aquí te ofrecemos algunas preguntas que te pueden guiar, ¡pero también puedes inventar muchas más! ¡Sus respuestas podrían sorprenderte mucho!

ENTREVISTA

- Si estuvieras enfermo/a, ¿aceptarías que te cuidara una máquina?

- ¿Te gustaría que una máquina inteligente te enseñara a hablar un nuevo idioma? ¿Serías mejor o peor aprendiz?

- ¿Confiarías a una máquina el cuidado de niños pequeños?

- ¿Te gustaría ir a un dentista robot?

- ¿Irías a un restaurante donde cocinaran robots?

- ¿Te incomodaría que una máquina te recomendara quién podría ser un buen amigo o amiga?

- ¿Irías a gusto en un autobús inteligente sin conductor?

¡SOY UNA MÁQUINA!

En los últimos años se está investigando cada vez más el desarrollo de prótesis e implantes inteligentes, capaces de ejecutar funciones del cuerpo humano para solucionar problemas de salud o mejorar nuestras capacidades. Estas prótesis permiten, por ejemplo, que personas que han perdido un brazo o una pierna, o que sufren otras dificultades, recuperen su actividad anterior.

Esta idea no es nueva. ¿Te suenan los garfios y las patas de palo? Ya hace muchísimos años que las personas nos las ingeniamos con los mecanismos que tenemos a nuestro alcance. Pero, ahora, los avances tecnológicos disponibles nos permiten llegar más lejos.

Hugh Herr, conocido como el «hombre biónico», perdió ambas piernas tras un terrible accidente de escalada. Poco tiempo después, practicaba de nuevo su deporte favorito gracias a unas prótesis inteligentes que no solo replicaban la funcionalidad de unas piernas corrientes, sino que tenían características inexistentes en una persona, como alturas ajustables o puntas de titanio. Estas mejoras le convirtieron en un escalador más habilidoso y con nuevas capacidades.

¿Qué diferencia hay entre el hombre biónico y un pirata con una pata de palo?

¿EN QUÉ MOMENTO NOS VOLVEMOS CÍBORGS?

Un cíborg es un ser formado por materia viva y dispositivos electrónicos que mejoran sus capacidades. Hay casos muy evidentes y extremos de cíborg, pero no siempre está tan claro. Porque si un cíborg incorpora dispositivos tecnológicos para aumentar sus capacidades, entonces ¿podemos decir que quien lleva el móvil encima para acordarse de los números de teléfono también es un cíborg? Al fin y al cabo, ¡es una forma de aumentar sus capacidades y modificar su comportamiento!

ADIVINA: ¿REALIDAD O FICCIÓN?

A — NEIL HARBISSON

Nació con acromatopsia, es decir, ve el mundo en escala de grises, sin colores. Por eso, se implantó una antena en la cabeza que le permite escuchar los colores mediante vibraciones. Es capaz de diferenciar entre más de trescientos colores, incluso los infrarrojos y los ultravioletas, imperceptibles para el ojo humano.

B — ROBOCOP

El oficial de policía de Detroit Alex James Murphy, más conocido como RoboCop, incorporó partes blindadas en su cuerpo y otras tecnologías para aumentar su fuerza y sus capacidades perceptivas con el objetivo, entre otros, de servir a la ley de manera más eficaz.

C — ROB SPENCE

Es un cineasta y amante de los documentales conocido como «Eyeborg». Perdió un ojo de pequeño y lo reemplazó por una cámara con la que graba películas.

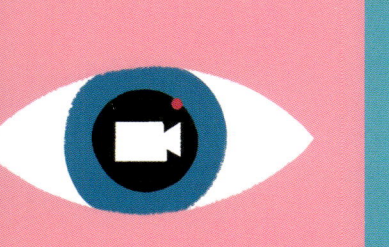

D — MOON RIBAS

Esta bailarina se implantó unos sensores sísmicos en el brazo que captan todos los terremotos del mundo a tiempo real mediante vibraciones. Así puede percibir mejor los movimientos de la Tierra.

E — MOLLY MILLIONS

Se gana la vida como guardaespaldas. Entre otras intervenciones, se implantó cuchillas retráctiles en las uñas mediante cirugía de precisión, lo que le permite ir siempre armada. William Gibson la hizo protagonista de algunas de sus novelas, donde Molly es una cíborg samurái.

F — INSPECTOR GADGET

El agente de policía también conocido como Truquini era famoso por sus implantes biónicos: las «gadgetorejas», que consistían en unos pequeños conos de metal que podía activar para oír mejor, o el «gadgetófono secreto», un teléfono implantado en su mano.

LA PARADOJA DEL BARCO DE TESEO

Teseo, rey fundador de Atenas, regresaba de la isla de Creta junto con su tripulación en un barco muy viejo y en muy mal estado. Durante la travesía, los tripulantes reparaban los daños del barco reemplazando las piezas rotas por otras en mejores condiciones o reciclándolas para colocarlas en diferentes partes del barco.

Cuando el barco llegó finalmente al puerto había sido completamente modificado. Lo que generó una pregunta: **¿el barco con el que Teseo había regresado era el mismo que salió de Creta?**

Si en un barco de treinta remos reemplazamos un solo remo, ¿sigue siendo el mismo barco? ¿Y si reemplazamos quince? ¿Y si los reemplazamos todos, además de la estructura del barco? Estas preguntas se convierten en una paradoja, ya que es muy difícil saber exactamente el punto en que, al reemplazar sus partes, una cosa pasa a ser otra distinta. No hay respuestas correctas e incorrectas.

GIRE A LA DERECHA.

... tienes un ojo robótico en la nuca?

... tienes un implante para oír mejor?

¿Y TÚ? ¿QUÉ OPINAS?

Es muy difícil saber exactamente en qué momento nos hibridamos con la tecnología. Aun así, según varias mentes pensantes contemporáneas, ya somos cíborgs. La bióloga y filósofa **Donna Haraway** defiende que todos somos producto de la hibridación entre máquinas y organismos. El emprendedor **Elon Musk** está de acuerdo, pero, en su caso, afirma que somos cíborgs porque tenemos nuestra versión digital en las redes sociales y contamos con superpoderes como la capacidad de responder cualquier pregunta en cualquier momento, la de realizar videoconferencias con cualquier persona y en cualquier lugar o la de enviar mensajes a millones de personas al instante.

¿YA ERES UN CÍBORG SI...

... usas el GPS para llegar a un sitio?

HALLO!

... tienes un audífono que te permite entender todos los idiomas del mundo?

... usas el móvil para acordarte de las cosas que tienes que hacer?

... tienes una válvula electrónica que te ayuda a controlar los latidos del corazón?

... tienes una pierna robótica?

Actualmente, la tecnología ya permite aumentar nuestras capacidades. ¿Crees que esto puede hacer que el mundo sea más justo o más injusto?

LAS TECNOLOGÍAS INTELIGENTES COTIDIANAS

42%.

El 42 % de niños y niñas entre 5 y 7 años tiene *tablet* propia.*

75%.

Tres de cada cuatro adolescentes de 12 años tienen teléfono móvil.**

¿CUÁNDO SE POPULARIZARON ALGUNAS DE LAS TECNOLOGÍAS MÁS HABITUALES?

En la mayoría de los casos, entre la creación de un invento y su uso cotidiano, pasan unos cuantos años de investigaciones y pruebas. Inventos que hoy nos parecen muy extravagantes, ¡mañana pueden llegar a ser tan populares como la televisión o los móviles!

TELEVISIÓN

En 1926 se realiza la primera retransmisión en directo, pero no será hasta los años sesenta cuando la televisión se vuelva habitual en los hogares. A diferencia de hoy, entonces tenía pocos canales y eran en blanco y negro.

ORDENADOR

En 1947 se inventa el ordenador, pero hay que esperar casi cuarenta años para que su uso sea habitual en el ámbito doméstico.

70%.

El 70 % de jóvenes entre 12 y 15 años tiene un perfil en redes sociales.***

PÉRDIDA DE LA CAPACIDAD DE ATENCIÓN

Según un estudio del año 2000, las personas perdían la concentración pasados doce segundos. En 2015, ya era a los ocho segundos. Esta disminución de la capacidad de atención se atribuye a los efectos de un estilo de vida cada vez más digital.

* Datos del año 2012 en Estados Unidos según la agencia Influence Central. ** Datos del año 2015 en España según el INE. *** Datos del año 2021 en España según AVACU.

INTERNET

En los años sesenta comienza la investigación para crear Internet. No es hasta principio del año 2000 cuando se vuelve de uso habitual.

YOUTUBE

En 2005, se crea YouTube, la primera plataforma de entretenimiento que permite compartir contenido audiovisual.

WHATSAPP

En 2009, se crea WhatsApp, un servicio que, en origen, permitía reconocer si a una persona se le podía llamar o escribir un mensaje. En 2010 se usó para enviar mensajes de manera instantánea por primera vez.

SMARTPHONE

El primer *smartphone* (teléfono inteligente) se presenta en 1992. En la década de 2010 se popularizan rápidamente.

Hay tecnologías que tardaron mucho en popularizarse y otras que hemos asimilado muy rápido.

META

En 2021, Facebook pasó a llamarse Meta e inició una transformación hacia un nuevo espacio de socialización, aprendizaje, colaboración y juego, el metaverso, en el que la realidad virtual y la realidad aumentada tendrán un papel protagonista.

PINTAR

HABLAR CON AMIGOS

LEER

VER DIBUJOS ANIMADOS

¿EN QUÉ AÑO NACISTE? ¿Y TUS FAMILIARES?

A lo largo del tiempo, las tecnologías que hemos tenido a nuestro alcance han hecho que cambiemos nuestros comportamientos, a la hora, por ejemplo, de entretenernos, buscar información, relacionarnos con los demás, etc.

ESCUCHAR MÚSICA

SALUDAR A LA ABUELA

JUGAR AL FÚTBOL

HACER LAS TAREAS

¡INVESTIGUEMOS!

REALIZA UNA PEQUEÑA ENCUESTA A PERSONAS ADULTAS QUE TENGAS
A TU ALCANCE PARA DESCUBRIR CÓMO HACÍAN LAS COSAS EN SU ÉPOCA.

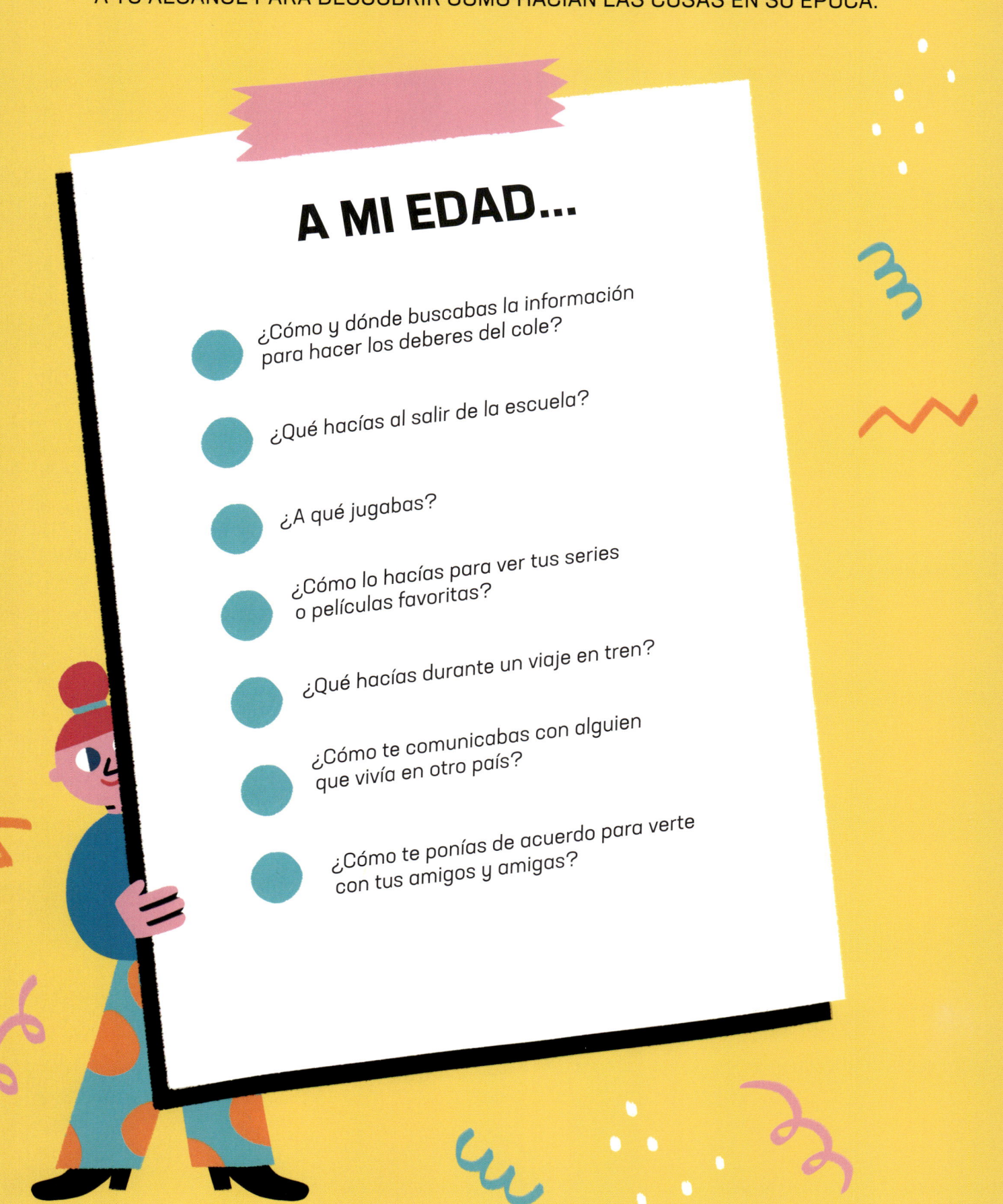

A MI EDAD...

- ¿Cómo y dónde buscabas la información para hacer los deberes del cole?

- ¿Qué hacías al salir de la escuela?

- ¿A qué jugabas?

- ¿Cómo lo hacías para ver tus series o películas favoritas?

- ¿Qué hacías durante un viaje en tren?

- ¿Cómo te comunicabas con alguien que vivía en otro país?

- ¿Cómo te ponías de acuerdo para verte con tus amigos y amigas?

Si has podido hacer la encuesta, te habrás dado cuenta de que, antes de la invención de Internet, cuando necesitabas datos sobre algún tema tenías que buscarlos en los libros. Hoy en día, en cambio, los tenemos a un solo clic. Informarse sobre un tema es mucho más fácil e inmediato y podemos disponer de datos mucho más variados. Pero tener más información no siempre significa tener mejor información. Además, puede hacer que la miremos de manera más rápida y superficial. El tiempo medio que dedicamos a leer algo en Internet es de cuarenta segundos. ¿Tenemos tiempo de entender y aprender lo que leemos con menos de un minuto?

La información que encontramos en Internet no siempre es verídica. Las llamadas *fake news* son noticias que contienen información falsa y que pretenden hacernos creer que es verdadera. Por eso cada vez es más importante saber contrastar las noticias que recibimos.

EL CASTOR, EL MEJOR AMIGO DE LOS GATOS

LOS CASTORES DE ESTA GRANJA SON CAPACES DE LEER LIBROS.

RELACIONARSE CON LOS DEMÁS

La tecnología ha hecho posible que nos podamos relacionar con personas que están lejos y de manera instantánea.

Sin embargo, las mismas tecnologías que permitieron, por ejemplo, que las personas pudieran seguir comunicándose durante la pandemia de la COVID-19, a pesar de estar físicamente aisladas, han sido criticadas porque nos hacen correr el riesgo de que nos aislemos de nuestro entorno.

PASAR EL TIEMPO

Desde la popularización de los dispositivos electrónicos, nuestro tiempo de ocio ha cambiado. En los últimos años se han realizado diferentes estudios para entender cómo pasan el tiempo niños y jóvenes. Según estos estudios, la juventud europea pasa de media entre tres y seis horas al día *online* y ¡el veintiséis por ciento de estudiantes europeos se considera **usuario extremo de Internet** por pasar más de seis horas *online* al día!

¡QUÉ VICIO!

Muchas de las aplicaciones y juegos para móviles y tabletas sacan beneficios en función del número de personas que las usan y del tiempo que estas le dedican. Por tanto, están pensadas para que pasemos el máximo tiempo posible utilizándolas y así recopilar el máximo de información para luego venderla. Este modelo de negocio se llama «**economía de los datos**».

¿Te ha pasado alguna vez que has abierto una de tus apps favoritas y, sin darte cuenta, te has quedado enganchado durante mucho rato? Las aplicaciones compiten entre ellas para capturar nuestra atención. Para ello, utilizan trucos de diseño que nos mantienen presos.

LA CIENCIA REVELA A QUÉ EDAD ES BUENO TENER UN PERRO.

Aunque es imposible decir qué edad es mejor para tener un perro, ya que en verdad depende de muchos factores...

_____

¿NO TE GUSTAN LOS GARBANZOS? TIENES QUE LEER ESTO.

NOTIFICACIONES

Las notificaciones en la pantalla llaman nuestra atención y nos incitan a abrir la app.

GRRRGRRRR...

EL DISEÑO DE GESTOS

Los gestos que debemos hacer para interactuar con los móviles y las tabletas están inspirados en la idea de acariciar un gato, para que así nos resulte más placentero tener el dispositivo en la mano.

TITULARES AMBIGUOS

Generan intriga y curiosidad. ¡Necesitamos hacer clic y ver su contenido! ¡Ya!

ALICIA
Escribiendo...

Hola, acabo de llegar a casa.

¡Hola! ✓✓

¿Vendrás a la fiesta de Sara? ✓✓

Las aplicaciones de mensajería nos pueden informar de si una persona ha recibido o no un mensaje (¡incluso de si lo ha leído!), de si alguien está en línea o de si nos están escribiendo en ese momento. ¿Qué nos pasa cuando vemos que la persona a la que acabamos de escribir ha visto el mensaje, pero no nos contesta? ¿Y cuando vemos que está escribiendo?

¡PREMIO!

Un mecanismo muy útil para modificar nuestra conducta es ofrecer algún tipo de premio o refuerzo a cambio. Esto es especialmente eficaz si la recompensa no es previsible.

Hay estudios que demuestran que si un ratón recibe una cantidad variable de comida cada vez que aprieta un botón, estará más motivado a hacerlo que si siempre recibe la misma cantidad.

SIGUIENTE EPISODIO

¿Nunca te has preguntado por qué cuando vemos una serie en alguna plataforma de *streaming* el siguiente episodio empieza sin que tengamos que darle al *play*? ¡Está comprobado que así la gente se queda mucho más tiempo mirando series!

A veces, estos trucos de diseño son casi imperceptibles, pero pueden tener mucha fuerza para cambiar nuestro comportamiento. Ahora que te hemos dado alguna pista, ¿sabrías encontrar otros en los dispositivos que usas?

¿QUIÉN CAMBIA A QUIÉN?

Como ya hemos visto, las tecnologías inteligentes han cambiado (y siguen cambiando) nuestra manera de comportarnos. Y, en consecuencia, eso también nos ha cambiado a nosotros. Por ejemplo, hemos perdido capacidad de concentración, pero somos más capaces de saltar de una información a otra; escribimos menos, pero sabemos comunicarnos a través de la creación de vídeos y fotografías. Es decir, algunas capacidades se vuelven más débiles y otras más fuertes.

Sin embargo, esto no es algo exclusivo de las tecnologías inteligentes. Desde siempre los seres humanos han creado invenciones que han modificado sus maneras de hacer y de ser. ¿Sabías que en la Grecia clásica algunos filósofos como Sócrates estaban en contra de la escritura? Estaban convencidos de que afectaría a la sabiduría humana porque dejaríamos de acordarnos de muchas cosas de memoria. Si bien es posible que tengamos menos memoria que los antiguos griegos, hoy en día nadie dudaría de la utilidad de la escritura para la sabiduría humana. Dicho de otra forma, nosotros moldeamos nuestras tecnologías y ellas nos moldean a nosotros.

¡IMAGINA EL FUTURO!

Hasta aquí llega nuestro viaje al mundo de las máquinas inteligentes. Hemos visto cómo funcionan, de qué forma se utilizan en diferentes contextos, los retos y las posibilidades que ofrecen, la forma en que están cambiando nuestros hábitos y, en el fondo, también a las personas. Todos estos temas son muy complejos y plantean un gran abanico de futuros posibles. Dependiendo de su uso y su diseño, podemos crear un mundo más justo o uno más injusto. Es nuestra responsabilidad como usuarios (y quizá como posibles futuros diseñadores y creadores de tecnología) ser conscientes de ello e intentar aportar nuestro granito de arena, tanto en cómo usamos la tecnología como en el modo en que la imaginamos.

Y ya que hablamos de imaginar, no hay que olvidar que muchos inventos que ahora nos son comunes inicialmente se pensaron y aparecieron en narrativas de ficción. ¡Por esto es tan importante imaginarnos el futuro! ¿Te apuntas?

¿Cómo pasaremos el tiempo en familia en el futuro? ¿Qué tipo de actividades haremos los fines de semana?

¿Cómo jugarán y pasarán el tiempo los niños y las niñas del futuro? ¿Estarán más tiempo en casa delante de pantallas o ya se habrán cansado de eso? ¿Crees que en el futuro las pantallas se dejarán de utilizar?

En el futuro, ¿ser un híbrido entre humano y tecnología será lo normal? ¿Tener un implante que nos dé nuevas capacidades será tan común como tener un televisor?

¿Cambiarán las ciudades si cada vez pasamos menos tiempo al aire libre? ¿La idea actual de ciudad dejará de tener sentido?

GLOSARIO

Algoritmo. Conjunto de instrucciones ordenadas que sirven para resolver un problema o realizar una tarea. En el ámbito de la informática, estas instrucciones están escritas en lenguaje de programación para que el ordenador pueda interpretar y ejecutar las órdenes.

Autómata. Máquina dotada de un mecanismo que le permite moverse, en particular la que imita la figura y movimientos de un ser animado, normalmente humano.

Datos. Hechos, cifras, imágenes, sonidos o cualquier otro tipo de información sobre el mundo. Son siempre una representación limitada de la realidad y los resultados de la inteligencia artificial dependerán de los datos que se le hayan proporcionado.

Estereotipo. Idea prefijada sobre algo o alguien. Pueden interferir en la forma de ver y entender el mundo. Los estereotipos de género, sin ir más lejos, se reflejan en todas partes: en los catálogos de juguetes (las cosas de color rosa para las niñas y las azules para los niños, por ejemplo), en las películas y los dibujos animados (los príncipes son apuestos y valientes, y las princesas, delicadas y bellas), en la publicidad (con anuncios en los que las mujeres se encargan de las tareas domésticas)...

Experimento mental. Recurso imaginativo que consiste en crear un escenario hipotético donde se describen las acciones y los resultados esperados de una situación. Se utiliza para explicar algún aspecto de la realidad o razonamiento.

Inteligencia artificial. Área de la informática que tiene como objetivo investigar y desarrollar tecnologías capaces de realizar tareas consideradas propias de la mente humana, como, por ejemplo, razonar, planificar, sacar conclusiones, relacionar cosas o dar órdenes al cuerpo para que se mueva.

Patrón o modelo. Representación simplificada de la realidad en la que aparecen algunas de sus características principales. Para construir patrones se analizan los datos que se reciben.

Privacidad. Ámbito de vida personal de un individuo que se desarrolla en un espacio reservado. En el contexto de las tecnologías digitales, privacidad se refiere al derecho de los usuarios a proteger sus datos en la red y decidir qué información está visible para el resto.

Programación. Acción de crear una serie de instrucciones, escritas en un lenguaje técnico específico, que indican al ordenador las acciones que tiene que ejecutar.

INTELIGENCIA ARTIFICIAL

ALGORITMO

PRIVACIDAD

PATRÓN

EXPERIMENTO MENTAL

DATOS

AUTÓMATA

BIBLIOGRAFÍA Y REFERENCIAS

ESTUDIOS SOCIOLÓGICOS: JÓVENES Y USO DE NUEVAS TECNOLOGÍAS

Burns, Tracey; Gottschalk, Francesca (eds.): *Educación e infancia en el siglo XXI: el bienestar emocional en la era digital*. Fundación Santillana, 2020.

Common Sense Media: *The Common Sense Census: Media Use by Kids Age Zero to Eight*. Common Sense Media, 2017.

Hooft Graafland, Julie: «New technologies and 21st century children: Recent trends and outcomes». *OECD Education Working Papers*, No. 179, OECD Publishing, París, 2018.

Livingstone, Sonia; Davidson, Julia; Bryce, Joanne; Batool, Saqba; Haughton, Ciaran; Nandi, Anulekha: *Children's online activities, risks and safety: A literature review by the UKCCIS Evidence Group*. LSE Consulting, Londres, 2017.

OECD: «A brave new world: Technology and education», *Trends Shaping Education Spotlights*, n.º 15, OECD Publishing, París, 2018.

Smahel, David; Machackova, Hana; Mascheroni, Giovanna; Dedkova, Lenka; Staksrud, Elisabeth; Ólafsson, Kjartan; Livingstone, Sonia; Hasebrink, Uwe: *EU Kids Online 2020. Survey results from 19 countries*. EU Kids Online, 2020.

LIBROS Y ARTÍCULOS PARA REFLEXIONAR SOBRE LAS TECNOLOGÍAS INTELIGENTES

Cave, Stephen; Dihal, Kanta: «Ancient dreams of intelligent machines: 3,000 years of robots». *Nature*, 559, 473-475, 26 de julio de 2018.

Cave, Stephen; Dihal, Kanta: «Hopes and fears for intelligent machines in fiction and reality». *Nature Machine Intelligence*, 1, 74-78, 2019.

Hannon, Charles: «Gender and status in voice user interfaces». *Interactions*, XXIII, 34-37, junio de 2016.

Harari, Yuval Noah: *Homo Deus: breve historia del mañana*. Debate, 2016.

O'Neil, Cathy: *Armas de destrucción matemática: cómo el* big data *aumenta la desigualdad y amenaza la democracia*. Capitán Swing Libros, 2018.

Royakkers, Lambèr; Timmer, Jelte; Kool, Linda; Van Est, Rinie: «Societal and ethical issues of digitization». *Ethics and Information Technology*, 20(2), 127-142, junio de 2018.

Torresen, Jim: «A review of future and ethical perspectives of robotics and AI». *Frontiers in Robotics and AI*, 4:75, 15 enero de 2018.

Whittlestone, Jess; Nyrup, Rune; Alexandrova, Anna; Dihal, Kanta; Cave, Stephen: *Ethical and societal implications of algorithms, data, and artificial intelligence: a roadmap for research*. Nuffield Foundation, Londres, 2019.

VÍDEOS Y RECURSOS *ONLINE* PARA REFLEXIONAR SOBRE LAS TECNOLOGÍAS INTELIGENTES

Center for Humane Technologies.
humanetech.com

Gender Shades. Mit Media Lab.
gendershades.org

O'Neil, Cathy: «The era of blind faith in big data must end». TED, abril de 2017.
ted.com/talks/cathy_o_neil_the_era_of_blind_faith_in_big_data_must_end?language=en

Pariser, Eli: «Beware online filter bubbles». TED, marzo, 2011.
ted.com/talks/eli_pariser_beware_online_filter_bubbles?language=en

NOTICIAS EN LOS MEDIOS

Del Rio, Judith: «TikTok tiene por norma no promocionar vídeos de gente fea, pobre, gorda o con discapacidad».
La Vanguardia, 18 de marzo de 2020.
lavanguardia.com/cribeo/cultura/20200318/474244004703/tiktok-tiene-norma-promocionar-videos-gente-fea-pobre-gorda-discapacidad-redes-sociales-discriminacion.html

Jercich, Kat: «AI bias may worsen COVID-19 health disparities for people of color». *Healthcare IT News*,
18 de agosto de 2020.
healthcareitnews.com/news/ai-bias-may-worsen-covid-19-health-disparities-people-color

Rubio, Isabel: «Amazon prescinde de una inteligencia artificial de reclutamiento por discriminar a las mujeres».
El País, 12 de octubre de 2018.
elpais.com/tecnologia/2018/10/11/actualidad/1539278884_487716.html

Rubio, Isabel: «Empleados de Amazon escuchan a diario conversaciones que mantienen los usuarios con Alexa».
El País, 19 de abril de 2019.
elpais.com/tecnologia/2019/04/11/actualidad/1554992401_521050.html

Rubio, Isabel: «Por qué puede ser peligroso que un algoritmo decida si contratarte o concederte un crédito».
El País, 23 de noviembre de 2018.
elpais.com/tecnologia/2018/11/19/actualidad/1542630835_054987.html?rel=mas

Tsukayama, Hayley: «When your kid tries to say 'Alexa' before 'Mama'». *The Washington Post*, 21 de noviembre de 2017.
washingtonpost.com/news/the-switch/wp/2017/11/21/when-your-kid-tries-to-say-alexa-before-mama/

Yujie, Xue: «Camera Above the Classroom». *Sixth Tone*, 26 de marzo de 2019.
sixthtone.com/news/1003759/camera-above-the-classroom